ACCIONES RESPONSABLES

Cómo entender, aplicar y liderar la Sostenibilidad Empresarial

Una Guía de Bolsillo

Juan Felipe Cajiga

Empresability
Movimiento Iberoamericano de Responsabilidad Social
2025

Guía de Bolsillo para Entender, Aplicar y Liderar la Sostenibilidad Empresarial

¿Por qué esta guía?

Porque toda empresa que quiera ser relevante y responsable en este mundo cambiante necesita más que inspiración: necesita claridad, dirección y acompañamiento. Esta guía nace como un **instrumento vivo, útil y profundamente humano**, diseñado para acompañar a las empresas y a quienes las lideran en el camino hacia una sostenibilidad real, coherente y transformadora.

No es un recetario. No propone fórmulas mágicas. Cada organización tiene su propia historia, su contexto y sus desafíos. Lo que aquí encontrarás son ideas, principios y herramientas que te ayudarán a **ver con otros ojos tu realidad, actuar con mayor conciencia y decidir con más propósito**.

Este material ha sido pensado para adaptarse, evolucionar y enriquecerse en manos de quienes lo usen. Porque la sostenibilidad no se impone: **se construye en diálogo, con sentido, desde dentro hacia afuera y desde la acción hacia el impacto**.

Espero que esta guía te resulte práctica, reveladora y útil. Que te inspire a desafiar lo establecido, a conectar el hacer con el ser, y a sumar tus propios ejemplos, experiencias y aprendizajes.

Cada contribución, cada adaptación y cada avance que logres a partir de este contenido, será parte de un movimiento mayor: el de transformar la manera en que entendemos, ejercemos y lideramos los negocios, una empresa a la vez.

Gracias por recorrer este camino y por atreverte a liderar con conciencia.
Aquí empieza (o continúa) tu proceso de transformación.

Juan Felipe Cajiga
Mayo 2020 – Junio 2025

Contenido

Guía de Bolsillo para Entender, Aplicar y Liderar la Sostenibilidad Empresarial 3
¿Por qué esta guía? 3
Presentación: 11
Por qué puede cambia tu forma de ver y vivir la sostenibilidad empresarial 11
1. De dónde venimos: Origen y evolución de la sostenibilidad empresarial 13
¿Cómo llegamos hasta aquí? 13
La sostenibilidad como punto de inflexión 15
De la sostenibilidad... a la sostenibilidad *empresarial* 16
¿Por qué importa esta distinción? 17
Una historia que comienza con responsabilidad 20
La sostenibilidad entra en escena 20
Ciudadanía corporativa y liderazgo consciente: la evolución natural 20
Claves para aplicar en tu empresa o liderazgo: 21
Una línea de tiempo resumida para visualizar la evolución 22
2. Qué es y qué no es la sostenibilidad empresarial 25
Qué es la sostenibilidad empresarial (y por qué importa entenderlo bien) 25
Qué no es sostenibilidad empresarial 26
Sostenibilidad, RSE, ESG, impacto, propósito... ¿en qué se diferencian y cómo se relacionan? 27
Principios rectores de la sostenibilidad empresarial bien entendida 27
3. Por qué importa: el impacto dentro y fuera de la empresa 29
Impactos que importan: dentro y fuera del negocio 29
Riesgos de ignorar la sostenibilidad 30
Oportunidades cuando la sostenibilidad se toma en serio 30
Reputación: un activo que ya no puede comprarse, solo construirse 32
¿Y la ventaja competitiva? 32
4. Los pilares y habilitadores de la sostenibilidad empresarial 35
1. Estrategia: el mapa que lo articula todo 35
Preguntas clave: 35
Claves prácticas: 36

2. Cultura organizacional: el terreno fértil (o estéril) 36
    Preguntas clave: 36
    Claves prácticas: 36
3. Liderazgo: el factor multiplicador 37
    Preguntas clave: 37
    Claves prácticas: 37
4. Gobernanza: la estructura que sostiene la coherencia 37
    Preguntas clave: 38
    Claves prácticas: 38
5. Tecnología e innovación: catalizadores del cambio 38
    Preguntas clave: 38
    Claves prácticas: 39
6. Transparencia y rendición de cuentas: mostrar y demostrar 39
    Preguntas clave: 39
    Claves prácticas: 39
7. Stakeholders: el ecosistema que valida o cuestiona 40
    Preguntas clave: 40
    Claves prácticas: 40
Diagnóstico express: ¿en qué punto estás? 41

5. Quién es responsable de la sostenibilidad en la empresa y dónde debe ubicarse 43
Modelos organizacionales más comunes (y sus implicaciones) 43
    1. Modelo tradicional: área de RSE separada 43
    2. Modelo funcional: sostenibilidad como área propia 44
    3. Modelo integrado: enfoque transversal y comité ESG 44
¿Dónde debe ubicarse en la estructura organizacional? 45
El rol clave del Chief Sustainability Officer (CSO) 45
    Responsabilidades clave del CSO: 45
    Perfil ideal del CSO: 46
Riesgos comunes al no definir bien la responsabilidad 46
Buenas prácticas para asegurar gobernanza efectiva 47
    Mensaje clave: 47

6. Diseño e implementación de una estrategia de sostenibilidad eficaz 49
Paso 1: Diagnóstico y comprensión del contexto 49

Acciones clave: 49
Herramientas útiles: 50
Paso 2: Análisis de materialidad 50
Tipos: 50
Cómo hacerlo: 51
Paso 3: Definición de visión, propósito y compromisos 51
Preguntas orientadoras: 51
Consejos prácticos: 51
Paso 4: Definición de metas, indicadores y líneas de acción 52
Claves para el diseño de metas efectivas: 52
Ejemplos: 52
Paso 5: Transversalización y gobernanza de la estrategia 53
Acciones clave: 53
Paso 6: Comunicación interna y movilización del talento 53
Recomendaciones: 53
Resumen visual del proceso estratégico 55
Mensaje clave: 55
7. Reportes y comunicación con sentido: cómo contar lo que haces sin caer en greenwashing 57
¿Por qué reportar y comunicar? 57
Diferencia entre reportar y comunicar 58
Cómo construir un buen reporte de sostenibilidad 58
Evita el greenwashing: errores que destruyen credibilidad 59
Cómo construir una narrativa auténtica 60
Canales y formatos para comunicar sostenibilidad 61
Cómo vincular comunicación y estrategia 61
Mensaje clave: 62
8. Stakeholders: cómo generar diálogo y confianza desde la sostenibilidad 65
¿Quiénes son los stakeholders? 65
Ejemplos: 66
¿Por qué gestionarlos de forma estratégica? 66
Etapas para una gestión efectiva de stakeholders 67
Herramientas: mapeo de actores, entrevistas, análisis de redes, diagnóstico participativo. 67

Ejemplos prácticos: 68
Buenas prácticas para construir relaciones sostenibles 69
Riesgos de no involucrar a los stakeholders (o hacerlo mal) 69
Mensaje clave: 69
APUNTES: 71

Presentación:

Esta guía ha sido creada para profesionales, directivos y consultores que desean entender, aplicar y liderar con efectividad la sostenibilidad empresarial.

En un formato claro, accesible y profundo, condensa todo lo esencial que un profesional necesita saber sobre sostenibilidad, responsabilidad social, criterios ESG, liderazgo consciente y transformación organizacional. No es una guía técnica ni teórica: es una herramienta viva, útil y transformadora.

Te iré llevando del "por qué" hasta el "cómo" de la sostenibilidad, integrando definiciones clave, orientaciones prácticas, glosario ampliado, ejemplos reales y consejos de alto valor. Esta guía está diseñada para ser tu aliada en la acción, una fuente de claridad y empoderamiento que te posiciona como líder de impacto consciente y sostenible.

Por qué puede cambia tu forma de ver y vivir la sostenibilidad empresarial

La sostenibilidad empresarial ha dejado de ser un tema de "moda" o un capítulo aparte en los informes anuales: hoy es un nuevo lenguaje, una manera distinta de entender el rol de las empresas en el mundo. Y tú, como líder, profesional o consultor, estás llamado a no solo comprenderla, sino a traducirla en decisiones, acciones y resultados que marquen una diferencia.

Esta guía no es un manual técnico, ni una recopilación de buenas intenciones. Es una conversación directa entre quienes vivimos la sostenibilidad desde la trinchera y quienes están listos para asumirla como un eje transformador.

Aquí encontrarás claves claras, consejos prácticos, conceptos sin adornos innecesarios y ejemplos reales que te ayudarán a avanzar con seguridad.

Está pensada para que puedas consultarla en una junta, en medio de una decisión estratégica, o para inspirarte antes de presentar una propuesta. Está escrita con la voz de quienes acompañamos a empresas de diversos tamaños, sectores y geografías a integrar la sostenibilidad en su ADN. Con una idea clara: ayudarte a evitar caminos inútiles y enfocarte en lo que realmente genera impacto.

Si llegaste hasta aquí, es porque intuyes que la sostenibilidad no es una carga ni un costo, sino una decisión consciente que potencia tu liderazgo eleva tu profesión y construye un legado.

Mi compromiso contigo es darte las herramientas, las ideas y la claridad que necesitas para convertir esa intuición en acción.

Aprovecha esta guía como un mapa, pero también como una compañera. Subráyala, cuestiónala, compártela, discútela. Pero, sobre todo: ponla en práctica.

Bienvenido al viaje de liderar con impacto real!!

1. De dónde venimos: Origen y evolución de la sostenibilidad empresarial

Antes de hablar de estrategias, indicadores o estructuras organizacionales, es necesario mirar hacia atrás. Comprender de dónde viene la sostenibilidad empresarial no solo nos da perspectiva, sino que nos evita repetir errores y nos permite construir con propósito.

Aquí tienes el artículo solicitado, escrito con tu estilo, propósito y tono distintivo:

Volver al origen: El pasado que necesitamos rescatar para liderar con propósito

¿Cómo llegamos hasta aquí?

El origen (olvidado) de la sostenibilidad empresarial que necesitas recordar para avanzar con sentido

Antes de hablar de ESG, reportes integrados o economía regenerativa, te invito a hacer algo que pocos se atreven: mirar hacia atrás.

Porque no hay transformación sin memoria.

Y si queremos construir empresas con propósito, necesitamos entender de dónde venimos.

De la filantropía discreta al liderazgo transformador

Hubo un tiempo en que la responsabilidad empresarial se ejercía con discreción y sin etiquetas. La sostenibilidad no era una moda, era un valor silencioso. Una empresa responsable era aquella que cuidaba a su gente, pagaba bien, respetaba su palabra y contribuía —sin cámara de por medio— al desarrollo de su comunidad.

Pero llegó el marketing... y luego la presión social, y más tarde los indicadores. Y lo que era convicción se volvió compliance. Lo que era compromiso se volvió campaña.

Fue entonces cuando la RSE comenzó a tomar forma como concepto. En los años 90, con la expansión de la globalización y los escándalos de reputación corporativa, surgió la necesidad de ponerle nombre (y marco) a lo que muchas empresas hacían sin llamar así. Nació el "Distintivo", las primeras normas, las guías de conducta, y poco a poco, el discurso superó a la acción.

Pero también surgieron líderes. Profesionales con conciencia que empezaron a preguntarse:

> *"¿Y si la empresa no solo puede ganar dinero... sino también hacer el bien?"*.

La sostenibilidad como punto de inflexión

La gran evolución llegó cuando entendimos que no basta con "ser responsables": hay que ser sostenibles. **¿La diferencia?**
Responsabilidad es responder por lo que haces. Sostenibilidad es transformar cómo lo haces, pensando en lo que dejas.

Pasamos del "cumplimos con la ley" al ¿cómo generamos valor compartido? Del "tenemos un programa social" al "¿cómo integramos la sostenibilidad al modelo de negocio?"

Y con ello, también cambió el lenguaje: llegaron los ODS, los criterios ESG, las finanzas sostenibles. El problema es que muchos adoptaron los términos… sin transformar el fondo. Y hoy más que nunca, nos enfrentamos al riesgo de una sostenibilidad sin alma. Una que se maquilla en reportes, pero no se vive en decisiones.

Entonces, ¿por qué mirar atrás importa? Porque conocer esta evolución nos vacuna contra repetir errores:

- No basta con cambiar de nombre si el fondo no cambia.
- No sirve reportar si lo que se reporta no transforma.
- No hay propósito si no hay coherencia.

Entender de dónde viene la sostenibilidad empresarial nos permite devolverle lo que nunca debió perder: **su raíz ética, su visión de largo plazo y su sentido profundamente humano.**

De la sostenibilidad… a la sostenibilidad *empresarial*

Sostenibilidad es un concepto amplio. Su raíz está en la ética intergeneracional: *satisfacer las necesidades del presente sin comprometer las del futuro.* Durante décadas se asoció al medio ambiente, pero hoy se reconoce su triple dimensión: social, ambiental y económica.

Sostenibilidad empresarial, en cambio, no es una simple extensión. Es una práctica deliberada: *la capacidad de una empresa de generar valor económico, social y ambiental en el largo plazo, asegurando su continuidad y su legitimidad social.*

Y no se trata solo de evitar impactos negativos. Se trata de generar impactos positivos, integrando los factores ambientales, sociales y de gobernanza (ESG) en su estrategia y gestión diaria.

Como bien explica [Antonio Vives](), no es una alternativa a la RSE. Es su consecuencia lógica. Es el resultado de una gestión ética, responsable y estratégica. Porque no hay sostenibilidad empresarial sin conciencia.

La **sostenibilidad empresarial** emergió como antídoto: como la decisión de integrar el valor social y ambiental al corazón del modelo de negocio.

Pero no basta con cambiar el término. La verdadera transformación ocurre cuando entendemos esto:

Sostenibilidad	Sostenibilidad Empresarial
Busca equilibrio planetario	Busca permanencia organizacional con impacto positivo
Apunta al bienestar social y ambiental	Integra estrategia, cultura y operaciones
Su horizonte es la humanidad	Su motor es el propósito empresarial con valor compartido

¿Por qué importa esta distinción?

Porque nos recuerda que **la empresa no es solo una unidad económica, sino una unidad ética.** Y que solo quienes comprenden la diferencia son capaces de tomar decisiones verdaderamente estratégicas.

☞ *No se trata de "adaptarse" a la sostenibilidad.*
Se trata de liderarla.

De hecho, Antonio va mucho más allá. **Antonio Vives** establece una distinción clara y profunda entre responsabilidad social empresarial (RSE) y sostenibilidad empresarial:

Responsabilidad Social Empresarial (RSE):

- Para Vives, la RSE son las acciones que las empresas llevan a cabo para asumir su responsabilidad ante la sociedad. No se limita solo a actividades filantrópicas o externas, sino que abarca la cultura organizacional, la gestión interna, las políticas, la implementación y el carácter de los dirigentes y empleados.

- La responsabilidad empresarial, entendida así, cubre todo el espectro de la actuación empresarial: acción social, gestión del capital humano, impactos sociales y ambientales tanto dentro como fuera de la empresa. Vives la define como el "carácter" de la empresa y resalta que "no hay concepto más incluyente".

Sostenibilidad Empresarial:

- La sostenibilidad, en cambio, es el resultado global de las acciones empresariales. Originalmente asociada al ámbito ambiental (satisfacer las necesidades presentes sin comprometer las futuras), en el entorno empresarial se refiere a la utilización responsable de todos los recursos (humanos, financieros, materiales, ambientales) para asegurar la continuidad de la empresa como institución viable, incluyendo la aceptación y apoyo de la sociedad.

- Vives aclara que la sostenibilidad empresarial no es una alternativa a la responsabilidad social, sino el resultado de una gestión responsable de la empresa. Es decir, la sostenibilidad es consecuencia de la responsabilidad: "Sostenibilidad no es una alternativa a la responsabilidad, es el resultado de la responsabilidad. Y en todo caso, la deberíamos llamar 'sostenibilidad empresarial'".

Resumen comparativo

Concepto	Según Vives
Responsabilidad Social Empresarial (RSE)	Acciones y gestión integral de la empresa para asumir su responsabilidad ante la sociedad; abarca cultura, gestión interna, políticas y carácter organizacional.
Sostenibilidad Empresarial	Resultado global de la gestión responsable; continuidad y viabilidad de la empresa a largo plazo, asegurando aceptación social y uso responsable de los recursos.

Importancia de la distinción

La diferencia es relevante porque ayuda a entender que la sostenibilidad empresarial es el fruto de una gestión responsable y ética, no un simple objetivo o etiqueta. La RSE es el proceso y la cultura; la sostenibilidad, el resultado alcanzado cuando esa responsabilidad se gestiona de manera coherente y profunda.

Si quieres saber más:
https://blog.iese.edu/antonioargandona/2022/01/04/responsabilidad-social-o-sostenibilidad/

Una historia que comienza con responsabilidad

La sostenibilidad empresarial tiene sus raíces en la Responsabilidad Social Empresarial (RSE), un concepto que comenzó a formalizarse en la segunda mitad del siglo XX. En un principio, la RSE se asociaba a la filantropía corporativa: donaciones, acciones sociales, beneficencia. Pero pronto evolucionó hacia una visión más estratégica: la empresa no solo puede hacer el bien, **debe hacerlo como parte de su esencia y gestión**.

Con el paso del tiempo, la RSE comenzó a tomar forma como un modelo de gestión ética que integraba las expectativas sociales, ambientales y económicas de los grupos de interés. A medida que los retos globales se volvían más complejos (cambio climático, desigualdad, corrupción, pérdida de biodiversidad), surgió la necesidad de ir más allá: **no solo ser responsables, sino sostenibles**.

La sostenibilidad entra en escena

El término "sostenibilidad" cobra fuerza con el Informe Brundtland (1987), donde se define como "el desarrollo que satisface las necesidades del presente sin comprometer la capacidad de las futuras generaciones". Esto implica pensar a largo plazo, considerar el impacto integral de cada decisión, y asumir que el crecimiento económico no puede desligarse del bienestar social ni de la salud del planeta.

A partir de ahí, la sostenibilidad se transforma en un nuevo paradigma que trasciende a la RSE. Ya no se trata solo de cumplir o mitigar impactos negativos, sino de **crear valor compartido**, regenerar sistemas y ser parte activa en la solución de los desafíos globales.

Ciudadanía corporativa y liderazgo consciente: la evolución natural

En los últimos años, dos conceptos han emergido con fuerza para profundizar esta evolución:

- **La ciudadanía corporativa,** que posiciona a las empresas como actores sociales con derechos y deberes en la comunidad.
- **El liderazgo consciente,** que reconoce el papel de los líderes como catalizadores del cambio desde una visión ética, empática y transformadora.

Estas ideas no reemplazan a la sostenibilidad empresarial: la enriquecen. Le dan rostro, propósito, humanidad. Permiten pasar del discurso a la convicción, y de la convicción al compromiso tangible.

Claves para aplicar en tu empresa o liderazgo:

1. **Revisa tu narrativa:** ¿Estás contando lo que haces o lo que realmente transformas?
2. **Conecta con tu origen:** ¿Por qué haces lo que haces? ¿Cuál fue el impulso inicial que hoy quizá se diluyó?
3. **Haz una auditoría de coherencia:** ¿Tus decisiones estratégicas están alineadas con tu discurso?
4. **Reivindica la RSE con profundidad:** No la descartes como pasado, reinterprétala como base ética.
5. **Construye desde el legado, no desde la moda:** Las modas cambian, el propósito trasciende.

Porque cuando sabes de dónde vienes, eliges mejor hacia dónde vas.

Una línea de tiempo resumida para visualizar la evolución

- **1950–1970**: Filantropía empresarial y responsabilidad moral
- **1980–1990**: RSE como modelo de gestión socialmente responsable
- **1990–2005**: Globalización de la sostenibilidad, aparición de estándares e indicadores (GRI, Pacto Global)
- **2005–2015**: Emergencia de los criterios ESG y profesionalización del campo
- **2015 en adelante**: ODS, gobernanza sostenible, economía circular, capitalismo consciente, reportes integrados

Hoy estamos en una nueva etapa: **la de integrar todo esto en una visión de empresa con propósito, resiliente, regenerativa y con impacto real.**

Este es el punto de partida de esta guía: saber de dónde venimos para elegir con claridad hacia dónde vamos.

2. Qué es y qué no es la sostenibilidad empresarial

Ahora que entendemos el recorrido histórico, toca detenernos en un punto crítico: **¿sabemos realmente qué es la sostenibilidad empresarial? ¿Y qué no lo es?**

Porque si todo parece ser sostenibilidad, entonces nada lo es. Definir con precisión ayuda a actuar con enfoque y a evitar los errores que derivan del entusiasmo mal encauzado o del oportunismo disfrazado de compromiso.

Qué es la sostenibilidad empresarial (y por qué importa entenderlo bien)

La sostenibilidad empresarial es la capacidad de una empresa para crear valor económico de manera responsable, consciente y regenerativa, considerando los impactos que genera en el entorno social, ambiental y económico, tanto en el corto como en el largo plazo.

No es solo reducir impactos negativos. Es anticiparse, innovar, regenerar, construir relaciones de confianza y contribuir activamente a una sociedad y un planeta más viables.

Es, en definitiva, una forma de hacer empresa desde la conciencia, la ética y la visión de futuro.

Qué no es sostenibilidad empresarial

Aclarémoslo con ejemplos directos:

- Si una empresa planta árboles, pero sigue contaminando sin control: **eso no es sostenibilidad**, es marketing compensatorio.
- Si publica un informe con muchos colores, pero sin indicadores verificables: **eso no es sostenibilidad**, es cosmética informativa.
- Si tiene un área de RSE que no habla con operaciones ni finanzas: **eso no es sostenibilidad**, es aislamiento funcional.
- Si habla de propósitos superiores, pero maltrata a sus colaboradores o evade impuestos: **eso no es sostenibilidad**, es incoherencia estratégica.

Sostenibilidad, RSE, ESG, impacto, propósito… ¿en qué se diferencian y cómo se relacionan?

- **RSE**: Enfoque de gestión responsable tradicional, basado en valores y relaciones con los stakeholders.
- **Sostenibilidad empresarial**: Modelo más amplio y estratégico que integra impactos, riesgos, regeneración y creación de valor compartido.
- **ESG**: Marco de evaluación y reporte para inversionistas basado en criterios Ambientales, Sociales y de Gobernanza.
- **Impacto**: Resultado concreto y medible de las acciones sostenibles. Es el "para qué" de todo esto.
- **Propósito**: El "por qué" de una organización. Lo que la motiva más allá del beneficio económico.

Estas piezas no compiten entre sí. Se complementan. Juntas forman el nuevo lenguaje de la empresa responsable.

Principios rectores de la sostenibilidad empresarial bien entendida

1. **Visión de largo plazo**: pensar más allá del trimestre.
2. **Valor compartido**: beneficio mutuo para empresa y sociedad.
3. **Integración estratégica**: no es un área, es una lógica transversal.
4. **Coherencia interna**: decir, hacer, medir y demostrar van de la mano.
5. **Transparencia y mejora continua**: abrirse al escrutinio y aprender del proceso.

Este marco conceptual es clave para seguir avanzando. A partir de aquí, cada acción, decisión y estrategia que abordaremos en los siguientes capítulos estará conectada con este entendimiento profundo y práctico.

3. Por qué importa: el impacto dentro y fuera de la empresa

Ya sabemos qué es la sostenibilidad empresarial. Pero ¿por qué debería importarte, más allá del deber ético o de la presión social? Porque está directamente vinculada a la viabilidad, relevancia y resiliencia de tu empresa en un mundo que cambia más rápido de lo que muchos modelos de negocio pueden adaptarse.

Impactos que importan: dentro y fuera del negocio

La sostenibilidad no es un "plus", es un requisito estratégico. Las decisiones empresariales tienen consecuencias que van más allá de los balances financieros: afectan a personas, comunidades, ecosistemas y reputaciones. Y esas consecuencias, tarde o temprano, regresan al negocio en forma de riesgos u oportunidades.

Impactos internos: productividad, clima laboral, eficiencia operativa, atracción y retención de talento, innovación.

Impactos externos: confianza pública, percepción social, licencia para operar, regulación, acceso a capital, relaciones con comunidades.

Las empresas que entienden esto no solo protegen su reputación: construyen ventaja competitiva sostenible.

Riesgos de ignorar la sostenibilidad

- Reputacionales: una crisis ambiental o social puede destruir años de trabajo en segundos.

- Regulatorios: las normativas están cambiando en todo el mundo (UE, América Latina, EE.UU.).

- Financieros: los inversionistas exigen estándares ESG; los bancos también.

- Operacionales: vulnerabilidad ante disrupciones climáticas, escasez de recursos, conflictos sociales.

- No se trata de miedo. Se trata de realidad empresarial. Hoy, no tener una estrategia de sostenibilidad es un riesgo en sí mismo.

Oportunidades cuando la sostenibilidad se toma en serio

- Diferenciación: destacar en mercados saturados con propuestas de valor auténticas.

- Innovación: abrir nuevas líneas de negocio alineadas con tendencias globales (energías limpias, economía circular, movilidad sostenible).

- Talento: atraer y comprometer a profesionales que buscan trabajar con propósito.

- Capital: acceso a fondos sostenibles, inversiones de impacto y mejores condiciones financieras.

- Alianzas estratégicas: formar parte de ecosistemas de empresas responsables.

La sostenibilidad bien entendida abre puertas que la lógica puramente financiera no ve. Y lo mejor: no es caridad, es visión de futuro.

Reputación: un activo que ya no puede comprarse, solo construirse

En un mundo hiperconectado, donde cualquier acción puede viralizarse en segundos, la reputación se convierte en un activo intangible de altísimo valor. Las marcas sostenibles no son solo las que dicen, sino las que hacen, demuestran y mejoran constantemente.

La sostenibilidad alimenta la reputación con coherencia, evidencia, autenticidad y propósito. Es lo que transforma la narrativa empresarial en credibilidad.

¿Y la ventaja competitiva?

La verdadera ventaja competitiva del futuro no está en tener precios más bajos, sino en tener un modelo de negocio más resiliente, relevante y regenerativo.

Las empresas que invierten en sostenibilidad hoy están diseñando las condiciones para sobrevivir —y liderar— en escenarios futuros más exigentes.

Porque lo que antes era opcional, hoy es urgente. Y mañana será obligatorio.

Este es el momento de tomar decisiones que, además de inteligentes, sean sostenibles. Y esta guía está aquí para ayudarte a tomarlas.

NOTAS:

4. Los pilares y habilitadores de la sostenibilidad empresarial

Llegamos a un punto crucial: entender qué hace posible —o qué limita— que la sostenibilidad empresarial se convierta en realidad. Porque hablar de sostenibilidad no es solo tener buenas intenciones, sino estructurar capacidades, culturas, procesos y decisiones que la habiliten día a día.

Aquí no basta con tener un área de RSE o un bonito reporte. Se requiere una arquitectura interna bien diseñada, coherente, alineada con el propósito y conectada con todos los niveles del negocio. Eso es lo que llamamos pilares y habilitadores.

1. Estrategia: el mapa que lo articula todo

¿Por qué importa? Porque si la sostenibilidad no está en la estrategia, está en la periferia.

Preguntas clave:

¿Está integrada en el plan estratégico o es un documento paralelo?

¿Existen metas y objetivos claros vinculados a los temas materiales?

¿Cómo se alinea con la visión, misión y propósito de la organización?

Claves prácticas:

Utiliza marcos como los ODS y la doble materialidad para priorizar.

Asegura que los temas de sostenibilidad sean parte de las conversaciones del negocio, no solo de cumplimiento.

2. Cultura organizacional: el terreno fértil (o estéril)

¿Por qué importa? Porque sin una cultura que valore lo sostenible, cualquier esfuerzo será frágil.

Preguntas clave:

¿Se percibe la sostenibilidad como parte del ADN organizacional?

¿Las personas sienten que pueden proponer, innovar y actuar con impacto?

¿Se reconoce y recompensa el comportamiento sostenible?

Claves prácticas:

Comunica valores y comportamientos esperados con ejemplos concretos.

Involucra al personal en iniciativas visibles que conecten con su propósito.

3. Liderazgo: el factor multiplicador

¿Por qué importa? Porque los líderes definen el nivel de ambición, coherencia y visión a largo plazo.

Preguntas clave:

¿Qué tan comprometido está el liderazgo con la sostenibilidad?

¿Actúan con el ejemplo o solo con el discurso?

¿Tienen las competencias para liderar en contextos complejos e interdependientes?

Claves prácticas:

Capacita y sensibiliza a los líderes desde el impacto y el legado.

Alinea los incentivos y métricas de desempeño con indicadores ESG.

4. Gobernanza: la estructura que sostiene la coherencia

¿Por qué importa? Porque sin mecanismos de decisión y rendición de cuentas, la sostenibilidad no escala.

Preguntas clave:

¿Existe un comité de sostenibilidad o ESG dentro del gobierno corporativo?

¿La sostenibilidad tiene representación en el Consejo o Alta Dirección?

¿Se auditan los avances, se reportan los riesgos y se validan las métricas?

Claves prácticas:

Asigna responsables claros y transversales.

Formaliza canales de monitoreo, evaluación y control.

5. Tecnología e innovación: catalizadores del cambio

¿Por qué importa? Porque lo sostenible no siempre es más costoso, pero sí requiere innovación.

Preguntas clave:

¿Se aprovechan tecnologías limpias, datos y digitalización para mejorar el desempeño ambiental y social?

¿Hay apertura a modelos circulares, bioeconomía, trazabilidad o eficiencia energética?

Claves prácticas:

Integra indicadores de sostenibilidad en dashboards operativos.

Promueve laboratorios de innovación orientados a desafíos reales del negocio.

6. Transparencia y rendición de cuentas: mostrar y demostrar

¿Por qué importa? Porque decir no es suficiente. La confianza se construye con hechos, datos y apertura.

Preguntas clave:

¿Qué se reporta, cómo se mide y con qué rigor?

¿Se publican errores, aprendizajes y áreas de mejora?

¿Se escucha a los grupos de interés y se responde de forma concreta?

Claves prácticas:

Usa estándares reconocidos (GRI, SASB, ISSB, ESRS) como guía.

Implementa ciclos de retroalimentación con stakeholders.

7. Stakeholders: el ecosistema que valida o cuestiona

¿Por qué importa? Porque ninguna empresa es una isla. El impacto y el valor son percibidos desde afuera.

Preguntas clave:

¿Quiénes son tus grupos de interés más relevantes?

¿Qué temas les importan y cómo están participando en tu estrategia?

¿La empresa los escucha activamente o solo los informa?

Claves prácticas:

Mapea, prioriza y diseña canales de diálogo auténtico y periódico.

Involúcralos en la co-creación de soluciones sostenibles.

Diagnóstico express: ¿en qué punto estás?

- ¿Tu estrategia integra la sostenibilidad de forma transversal?
- ¿Existe cultura que respalde decisiones conscientes en todos los niveles?
- ¿Tienes liderazgo comprometido y coherente?
- ¿Tu gobernanza incluye estructuras claras y mecanismos de rendición?
- ¿La tecnología y la innovación están orientadas a crear valor sostenible?
- ¿La transparencia es real, no solo estética?
- ¿Tus stakeholders participan activamente y se sienten escuchados?

Este capítulo es la espina dorsal de toda estrategia sostenible. Si estos pilares no están presentes o bien cimentados, cualquier avance será frágil. Pero si se integran con visión, compromiso y constancia, la sostenibilidad dejará de ser un esfuerzo aislado para convertirse en una forma de hacer empresa sólida, coherente y con futuro.

Aquí comienza la verdadera transformación estructural.

5. Quién es responsable de la sostenibilidad en la empresa y dónde debe ubicarse

Una de las preguntas más comunes —y más estratégicas— al momento de implementar sostenibilidad en una organización es: ¿quién debe encargarse de esto? ¿Y dónde debe ubicarse esa función dentro de la estructura empresarial?

La respuesta no es única, pero sí debe ser clara: la sostenibilidad no es tarea de una sola persona o área. Es una responsabilidad colectiva con una conducción estratégica definida.

Modelos organizacionales más comunes (y sus implicaciones)

1. Modelo tradicional: área de RSE separada

Generalmente ubicada en comunicación, relaciones institucionales o recursos humanos.

Alto riesgo de aislamiento y poca influencia sobre decisiones de negocio.

Puede funcionar para iniciativas filantrópicas, pero no para estrategia de sostenibilidad.

- Recomendado solo como etapa inicial en organizaciones con poca madurez.

2. Modelo funcional: sostenibilidad como área propia

Departamento formal con liderazgo dedicado y equipo técnico.

Puede coordinar esfuerzos, generar reportes y articular con otras áreas.

Dependerá de su ubicación jerárquica para tener peso estratégico.

- Funciona bien si se conecta con planeación, operaciones y alta dirección.

3. Modelo integrado: enfoque transversal y comité ESG

La sostenibilidad se reparte entre áreas clave, con responsabilidades compartidas.

Existen indicadores, metas e incentivos alineados en toda la organización.

Suele estar acompañado de un comité ESG o de sostenibilidad con presencia en el Consejo.

- Es el modelo más robusto y efectivo, pero exige madurez organizacional y liderazgo comprometido.

¿Dónde debe ubicarse en la estructura organizacional?

Alto nivel jerárquico: cuanto más cerca del CEO y del Consejo, más capacidad tendrá de influir en la estrategia y el presupuesto.

Con poder transversal: debe tener legitimidad para interactuar con todas las áreas: finanzas, operaciones, marketing, legal, RRHH, etc.

Con conexión al propósito: si la sostenibilidad no está alineada con el propósito de la empresa, será percibida como un adorno.

El rol clave del Chief Sustainability Officer (CSO)

El CSO —o su equivalente en empresas sin esa denominación formal— es una figura en ascenso. Su misión va más allá de coordinar programas: traduce la sostenibilidad en decisiones de negocio, representa la visión de impacto futuro, y articula los intereses de todos los stakeholders.

Responsabilidades clave del CSO:

- Liderar la estrategia y política de sostenibilidad.
- Coordinar procesos de reporte, auditoría y evaluación.
- Participar en la gestión de riesgos ESG.
- Representar a la empresa en alianzas, foros y marcos internacionales.
- Promover la cultura sostenible dentro de la organización.

Perfil ideal del CSO:

- Visión sistémica y estratégica.
- Capacidad de influencia en entornos de alta dirección.
- Conocimiento técnico multidisciplinario (ambiental, social, financiero).
- Habilidades de comunicación y negociación con stakeholders diversos.

Riesgos comunes al no definir bien la responsabilidad

- Sostenibilidad como "responsabilidad de otros".
- Falta de seguimiento, consistencia y continuidad.
- Desconexión con el negocio, baja legitimidad interna.
- Reportes vacíos, sin base operativa ni resultados reales.

Buenas prácticas para asegurar gobernanza efectiva

- Nombrar un referente claro de sostenibilidad con poder de coordinación transversal.
- Crear un comité ESG o de sostenibilidad con participación del Consejo.
- Establecer objetivos medibles e integrarlos a la evaluación de desempeño.
- Formar y sensibilizar a líderes funcionales en temas clave.
- Revisar anualmente la ubicación de la función de sostenibilidad en el organigrama y su capacidad de incidencia.

Mensaje clave:

> La sostenibilidad es responsabilidad de todos, pero necesita un liderazgo claro. Si no está en el centro del poder organizacional, será difícil que esté en el centro de la estrategia.

Este capítulo te ofrece criterios sólidos para decidir dónde ubicar, cómo fortalecer y a quién encargar la sostenibilidad dentro de tu empresa. La forma en que estructures esa gobernanza puede marcar la diferencia entre un compromiso pasajero o un impacto duradero.

NOTAS:

6. Diseño e implementación de una estrategia de sostenibilidad eficaz

Hasta ahora hemos entendido qué es la sostenibilidad empresarial, por qué importa y qué condiciones deben estar presentes para que se vuelva realidad. Pero ahora viene la parte esencial: ¿cómo diseñar e implementar una estrategia que funcione de verdad? Que no se quede en discursos ni en un documento decorativo, sino que guíe decisiones y genere resultados medibles.

Una estrategia de sostenibilidad eficaz debe responder a tres criterios clave: relevancia, coherencia e integración.

Paso 1: Diagnóstico y comprensión del contexto

Antes de proponer acciones, hay que entender con precisión dónde está la empresa, qué le duele y qué le motiva.

Acciones clave:

- Evaluar riesgos y oportunidades ESG.
- Identificar fortalezas y brechas internas.
- Entender expectativas de los grupos de interés.

Herramientas útiles:

- Análisis de contexto (PESTEL, mapa de actores, benchmark sectorial).
- Cuestionarios de autoevaluación y diagnósticos participativos.
- Radar de sostenibilidad o maturity models.

Paso 2: Análisis de materialidad

La sostenibilidad no puede abarcarlo todo. Hay que concentrar esfuerzos en lo que realmente importa para la empresa y sus stakeholders.

¿Qué es la materialidad? Es el proceso de identificar los temas ambientales, sociales y de gobernanza más relevantes y con mayor impacto.

Tipos:

- Materialidad financiera: temas que afectan el valor de la empresa.
- Materialidad de impacto: temas donde la empresa afecta al entorno.
- Doble materialidad: combinación de ambos enfoques (el estándar emergente más completo).

Cómo hacerlo:

- Consulta interna con equipos clave.
- Diálogo externo con stakeholders.
- Priorización por impacto, relevancia y urgencia.

Paso 3: Definición de visión, propósito y compromisos

Aquí se establece la brújula estratégica: ¿hacia dónde queremos movernos y por qué?

Preguntas orientadoras:

¿Qué transformación buscamos lograr como empresa?

¿Cuál es nuestro rol frente a los desafíos globales?

¿Qué nos diferencia y moviliza más allá del negocio?

Consejos prácticos:

- Alinea tu visión con los Objetivos de Desarrollo Sostenible (ODS).
- Declara compromisos claros, verificables y con plazos definidos.
- No temas elevar la ambición si tienes la voluntad de sostenerla con hechos.

Paso 4: Definición de metas, indicadores y líneas de acción

La sostenibilidad necesita estructura y medición. Lo que no se mide, no se gestiona. Y lo que no se gestiona, se pierde en buenas intenciones.

Claves para el diseño de metas efectivas:

- Que sean SMART (específicas, medibles, alcanzables, relevantes y temporales).
- Que cubran los principales ejes ESG según la materialidad.
- Que se traduzcan en indicadores operativos por área.

Ejemplos:

Reducción de emisiones de CO_2 en X% al año 2027.

Lograr paridad de género en puestos directivos para 2030.

Implementar sistema de trazabilidad para proveedores críticos en 2 años.

Recomendación: Vincula metas ESG a bonificaciones, reportes internos y decisiones de inversión.

Paso 5: Transversalización y gobernanza de la estrategia

Una estrategia que no se integra al día a día de la empresa, se queda en el papel. Por eso debe incorporarse en estructuras, procesos, cultura y toma de decisiones.

Acciones clave:

- Incluir la sostenibilidad en la planeación estratégica y operativa.
- Alinear a líderes de todas las áreas con metas comunes.
- Crear comités de seguimiento y asegurar rendición de cuentas.

Ejemplo práctico: La estrategia se revisa trimestralmente en Comité de Dirección con reporte ESG incluido, y se discute en juntas de área mediante indicadores de avance específicos.

Paso 6: Comunicación interna y movilización del talento

La estrategia solo cobra vida si quienes forman parte de la organización la comprenden, la sienten propia y la ejecutan con convicción.

Recomendaciones:

- Comunica de forma clara, directa y constante.
- Crea espacios participativos donde todos aporten.

- Ofrece formación, herramientas y ejemplos concretos por rol.

Tip: Haz de la sostenibilidad una historia compartida, no una obligación impuesta.

Resumen visual del proceso estratégico

1. Diagnóstico contextual →

2. Materialidad →

3. Visión y propósito →

4. Metas e indicadores →

5. Integración transversal →

6. Comunicación y movilización

Mensaje clave:

> Una estrategia de sostenibilidad eficaz es la que convierte la intención en estructura, y la estructura en impacto.

Diseñarla requiere método, pero también sensibilidad. No es una plantilla; es una construcción consciente que se adapta a la realidad, pero apunta al futuro. Y cuando se hace bien, transforma no solo la empresa, sino todo su entorno.

7. Reportes y comunicación con sentido: cómo contar lo que haces sin caer en greenwashing

Una estrategia de sostenibilidad sin comunicación es una oportunidad perdida. Pero una comunicación sin sustancia ni evidencia es un riesgo serio. Por eso, reportar y comunicar lo que se hace en sostenibilidad debe ser un ejercicio de transparencia, coherencia y propósito.

Este capítulo te guía para que tu empresa o proyecto no solo cumpla con el deber de informar, sino que inspire confianza, cree valor y construya una narrativa creíble y transformadora.

¿Por qué reportar y comunicar?

- Para rendir cuentas a tus grupos de interés.
- Para atraer inversión responsable y nuevas alianzas.
- Para construir reputación basada en hechos.
- Para mejorar la toma de decisiones internas con base en datos.

La sostenibilidad que no se comunica, no se reconoce. Pero la que se sobredimensiona sin respaldo, se castiga.

Diferencia entre reportar y comunicar

- Reportar: entregar información estructurada, basada en datos, siguiendo marcos reconocidos (GRI, ISSB, SASB, ESRS...).

- Comunicar: construir mensajes, historias y narrativas para conectar emocionalmente con audiencias diversas.

Ambas son necesarias. Y ambas requieren rigor, estrategia y sensibilidad.

Cómo construir un buen reporte de sostenibilidad

1. Define objetivos claros: ¿para quién es el reporte?, ¿qué debe contener?, ¿qué decisiones busca informar?

2. Apóyate en estándares confiables: GRI, TCFD, SASB, ESRS, CDP, entre otros. Evalúa cuál se ajusta mejor a tu realidad y objetivos.

3. Incluye los temas materiales identificados previamente.

4. Usa indicadores consistentes y verificables.

5. Presenta metas, avances, retos y aprendizajes.

6. Hazlo accesible, visual, concreto.

Recomendación: Complementa tu reporte anual con actualizaciones periódicas en web, redes y presentaciones ejecutivas.

Evita el greenwashing: errores que destruyen credibilidad

- Usar lenguaje vago o sin evidencia ("somos verdes", "nos importa el planeta"... ¿cómo?).
- Mostrar solo lo positivo y ocultar problemas reales.
- Hay que destacar acciones irrelevantes o desproporcionadas frente al impacto real.
- Confundir sostenibilidad con filantropía aislada.
- Declarar compromisos que no se cumplen ni se explican.

Consejo: No digas que eres sostenible. Demuestra que estás en camino, que sabes dónde estás y hacia dónde vas.

Cómo construir una narrativa auténtica

- Sé transparente: cuenta lo que haces, lo que logras y también lo que falta.

- Sé coherente: alinea lo que dices con lo que haces (y con lo que dejas de hacer).

- Sé cercano: usa un lenguaje claro, empático, sin tecnicismos vacíos.

- Sé estratégico: adapta el mensaje a cada audiencia (clientes, inversionistas, empleados, comunidad, reguladores).

Tip: Apóyate en historias reales, casos concretos y testimonios de personas. Las cifras son poderosas, pero las historias movilizan.

Canales y formatos para comunicar sostenibilidad

- Reportes anuales integrados
- Micrositios ESG o de sostenibilidad en la web
- Presentaciones ejecutivas para juntas o inversionistas
- Redes sociales (con foco en evidencia, no solo diseño)
- Webinars, pódcast, foros y entrevistas
- Comunicación interna (boletines, townhalls, embajadores internos)

Consejo: No todo debe decirse en todos los canales. Diseña una arquitectura narrativa adaptada a tus públicos.

Cómo vincular comunicación y estrategia

1. Integra KPIs de comunicación responsable en tu plan de sostenibilidad.
2. Mide el impacto de tus mensajes: ¿generan comprensión, confianza, acción?
3. Evalúa percepciones antes y después de reportar.

Mensaje clave:

> Reportar y comunicar sostenibilidad no es contar una historia bonita, es construir confianza a través de la verdad, la evidencia y el compromiso.

Una empresa que comunica con sentido es una empresa que inspira, atrae y lidera. En el siguiente capítulo abordaremos cómo construir esa relación de confianza de forma proactiva con los stakeholders.

8. Stakeholders: cómo generar diálogo y confianza desde la sostenibilidad

Una estrategia de sostenibilidad no existe en el vacío. Se valida, se amplifica y se transforma a través del vínculo con quienes están directa o indirectamente afectados por las decisiones de la empresa: los grupos de interés o stakeholders.

Este capítulo te muestro cómo identificar, priorizar, escuchar e involucrar a tus stakeholders de forma práctica, estratégica y coherente con tu propósito. Porque la sostenibilidad no se decreta, se construye en relación con otros.

¿Quiénes son los stakeholders?

- Son todas las personas, comunidades, entidades o grupos que:
- Afectan o pueden verse afectados por las actividades de la empresa.
- Tienen expectativas legítimas frente al comportamiento corporativo.
- Pueden influir en su reputación, operación o modelo de negocio.

Ejemplos:

Internos: colaboradores, accionistas, sindicatos, Consejo de Administración.

Externos: clientes, proveedores, comunidades, gobiernos, ONGs, medios, academia, organismos multilaterales.

¿Por qué gestionarlos de forma estratégica?

- Porque la legitimidad social y reputacional se construye desde la relación.
- Porque aportan conocimiento, contexto y soluciones.
- Porque anticipan riesgos y validan impactos.
- Porque facilitan alianzas y fortalecen la sostenibilidad como ventaja competitiva.

> No hay sostenibilidad sin relaciones sostenidas y sostenibles.

Etapas para una gestión efectiva de stakeholders

1. Identificación

¿Quiénes son todos los actores relevantes?

¿Qué intereses, expectativas, preocupaciones tienen?

¿Cuál es su nivel de influencia y de afectación?

Herramientas: mapeo de actores, entrevistas, análisis de redes, diagnóstico participativo.

2. Priorización

Define criterios de relevancia (influencia, legitimidad, urgencia, proximidad, dependencia).

Clasifica en grupos estratégicos: clave, prioritario, informado.

Tip: usa una matriz de mapeo (influencia vs. impacto) para visualizar con claridad.

3. Análisis

¿Qué temas les importan? ¿Qué riesgos u oportunidades representan?

¿Qué relación actual tienes con ellos (confianza, conflicto, indiferencia)?

Recomendación: ¡Escucha bien es más importante que comunicar mucho! Sin comprensión, no hay relación de calidad.

4. Involucramiento

Define el nivel de involucramiento más adecuado: informar, consultar, involucrar, co-crear, empoderar.

Establece canales, ritmos y formatos según cada grupo.

Ejemplos prácticos:

Clientes: encuestas, focus groups, iniciativas de consumo responsable.

Comunidades: mesas de diálogo, acuerdos de colaboración, evaluación participativa de proyectos.

Proveedores: códigos de conducta, capacitaciones, incentivos por desempeño sostenible.

5. Seguimiento y retroalimentación

Documenta, evalúa y comunica lo que se hizo con lo que se escuchó.

Asegura que haya un ciclo de mejora continua y una escucha activa permanente.

Claves: credibilidad, consistencia, continuidad.

Buenas prácticas para construir relaciones sostenibles

- Crear una política o enfoque de relacionamiento con stakeholders.
- Incluir su voz en la gobernanza ESG y en el análisis de materialidad.
- Capacitar a líderes y equipos en diálogo, escucha empática y negociación constructiva.
- Reconocer y gestionar tensiones sin reactividad ni paternalismo.
- Valorar la diversidad de perspectivas como fuente de innovación.

Riesgos de no involucrar a los stakeholders (o hacerlo mal)

- Desconfianza o rechazo social.
- Crisis de reputación y conflictos comunitarios.
- Decisiones desconectadas del contexto.
- Falta de legitimidad para operar o crecer.

Consejo claro: No consultes solo para validar lo que ya decidiste. Consulta para entender, mejorar y corregir el rumbo si es necesario.

Mensaje clave:

> La sostenibilidad empresarial es un ejercicio de corresponsabilidad. Y solo se vuelve sólida cuando se construye desde el diálogo, no desde la imposición.

Los stakeholders no son un riesgo que gestionar: son una oportunidad que abrazar. Saber relacionarte con ellos es una de las habilidades más poderosas de cualquier líder consciente.

Reúne a tu equipo y discutan cómo llevar todo esto a la práctica en juntas, comités y espacios de toma de decisión para que la sostenibilidad no se quede en el discurso, sino que se traduzca en decisiones estratégicas.

APUNTES:

www.ingramcontent.com/pod-product-compliance
Lightning Source LLC
Chambersburg PA
CBHW071147240526
45465CB00024BA/1806